LA CRITIQVE DV TARTVFFE
COMEDIE.

A PARIS,
Chez GABRIEL QVINET, au Palais,
à l'entrée de la Galerie des Prisonniers,
à l'Ange Gabriel.

M. DC. LXX.
AVEC PRIVILEGE DV ROY.

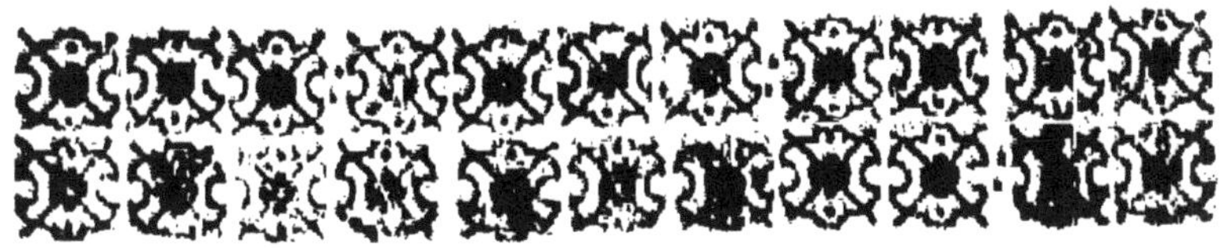

LETTRE SATIRIQUE SVR LE TARTVFFE,

Ecrite à l'Autheur de la Critique.

I'AY ſçeu, cher Dorilas, la galante maniere
Dont tu veux critiquer, & Tartuffe, & Moliere;
Et ſans t'importuner, d'inutiles propos,
I'en vais rimer auſſi la Critique en deux mots.
Dés le commencement, vne Vieille Bigotte,
Querelle les Acteurs, & ſans ceſſe radotte,
Crie, & n'écoute rien, ſe tourmente ſans fruits;
En ſuite vne Servante y fait autant de bruit,
A ſon maudit caquet donne libre carriere,
Reprimende ſon Maiſtre, & luy rompt en viſiere,
L'étourdit, l'interrompt, parle ſans ſe laſſer;
Vn bon coup ſuffiroit, pour la faire ceſſer,
Mais on s'apperçoit bien, que ſon Maiſtre par feinte,
Attend pour la frapper, qu'elle ſoit hors d'atteinte.
Sur tout, peut-on ſouffrir l'Homme aux realitez,
Qui pour ſe faire aimer, dit cent impietez,
Débaucher vne Femme, & coucher auec elle?
Chez ce Galant Bigot, c'eſt vne bagatelle;

A l'entendre, le Ciel permet tous les plaisirs,
Il en sçait disposer au gré de ses desirs,
Et quoy qu'il puisse faire, il se le rend traitable.
Pendant ces beaux discours, Orgon sous vne Table,
Incredule toûjours, pour estre conuaincu,
Semble attendre en repos, qu'on le fasse Cocu:
Il se détrompe enfin, & comprend sa disgrace,
Deteste le Tartuffe, & pour iamais le chasse.
Apres que l'Imposteur a fait voir son courroux,
Apres qu'on a juré de le roüer de coups,
Et d'autres incidens de cette mesme espece,
Le cinquiéme Acte vient, il faut finir la Piece;
Moliere la finit, & nous fait auoüer,
Qu'il en tranche le nœu, qu'il n'a sceu dénoüer.

Moliere plaist assez, son genie est folâtre,
Il a quelque talent pour le jeu du Theatre,
Et pour en bien parler, c'est vn Bouffon plaisant,
Qui diuertit le monde, en le contrefaisant;
Ces grimaces souuent causent quelques surprises,
Toutes ces Pieces sont d'agreables sottises,
Il est mauuais Poëte, & bon Comedien,
Il fait rire, & de vray, c'est tout ce qu'il fait bien.

Moliere à son bonheur doit tous ces auantages,
C'est son bonheur qui fait le prix de ses Ouurages;
Ie sçay que le Tartuffe a passé son espoir,
Que tout Paris en foule a couru pour le voir;
Mais auec tout cela, quand on l'a veu paroistre,
On l'a tant applaudy, faute de le connoistre;
Vn si fameux succés ne luy fut iamais dû;
Et s'il a reüssy, c'est qu'on l'a defendu.

PRIVILEGE DV ROY.

LOVIS par la Grace de Dieu, Roy de France & de Nauarre: A nos amez & feaux Conseillers les Gens tenans nos Cours de Parlement, Maistres des Requestes ordinaires de nostre Hostel, Baillifs, Seneschaux, Preuosts, leurs Lieutenans, & tous autres nos Iusticiers & Officiers qu'il appartiendra, Salut. Nostre cher & bien amé GABRIEL QVINET, Marchand Libraire de nostre bonne Ville de Paris, Nous a tres-humblement fait remontrer qu'il luy auroit esté mis és mains vne Piece de Theatre, intitulée, LA CRITIQVE DV TARTVFFE, qu'il desireroit faire imprimer & donner au Public, s'il nous plaisoit luy en accorder la permission, & icelle interdire à tous autres pendant le temps qui luy sera accordé. A CES CAVSES, desirant fauorablement traitter l'Exposant, Nous luy auons permis & permettons par ces Presentes, d'imprimer ou faire imprimer ladite Piece par l'vn des Imprimeurs du nombre des reseruez; icelle vendre & debiter en tous les Lieux de noſtre obeïſſance, en telle marge, caractere, & autant de fois qu'il voudra, durant le temps de cinq années, à commencer du jour qu'elle ſera acheuée d'imprimer pour la premiere fois : Faiſant tres-expreſſes inhibitions & defenſes à toutes Perſonnes, de quelque qualité & condition qu'ils ſoient, de l'imprimer, vendre, ny debiter, ſans le conſentement de l'Expoſant, ou de ceux qui auront droict de luy, à peine de confiſcation des Exemplaires contrefaits, mil liures d'amende, appliquable vn tiers à Nous, vn tiers à l'Hoſpital General de noſtredite Ville de Paris, & l'autre tiers à l'Expoſant, & de tous deſpens, dommages & intereſts ; à la charge qu'il ſera mis deux Exemplaires de ladite Piece en noſtre Bibliotheque, vn en celle de noſtre Chaſteau du Louure, & vn autre en celle de noſtre tres-cher & feal le Sieur Seguier, Cheualier, Chancelier de France, auant que de l'expoſer en vente, & qu'elles ſeront regiſtrées dans le Liure de la Communauté des Libraires de noſtre Ville de Paris. SI vous mandons & enjoignons, que du contenu en ces Preſentes, vous faſſiez joüir & vſer l'Expoſant, & tous ceux qui auront droict de luy, pleinement & paiſiblement, ſans permettre qu'ils y ſoient troublez ny empeſchez, voulant qu'en inſerant ces Preſentes, ou Extrait d'icelles, en chacun des Exemplaires, elles ſoient tenuës pour bien & deuëment ſignifiées. Commandons au premier noſtre Huiſſier ou Sergent ſur ce requis, faire pour l'execution des Preſentes, tous Exploits à ce requis & neceſſaires, ſans demander autre permiſſion, nonobſtant Clameur de Haro, & Lettres à ce contraires : Car tel eſt noſtre plaiſir. Donné à S. Germain en Laye le dix-neufiéme jour de Nouembre, l'an de grace mil ſix cens ſoixante-neuf, Et de noſtre Regne le vingt-ſept. Signé, Par le Roy en ſon Conſeil, D'ALENCE'.

Regiſtré ſur le Liure de la Communauté des Marchands Libraires & Imprimeurs de cette Ville, ſuiuant & conformement à l'Arreſt de la Cour de Parlement du 8. Auril 1653. aux charges & conditions portées par le preſent Priuilege. Fait à Paris le 27. Nouembre 1669. Signé, A. SOVBRON, Syndic.

Acheué d'imprimer pour la premiere fois le 19. Decembre 1669.

PERSONNAGES.

CLEON, Pere de Lidiane.

LISANDRE, Amant de Lidiane.

TARTVFFE, sous le nom de **PANVLPHE**, Riual de Lisandre.

LIDIANE.

LISE, Seruante de Lidiane.

LAVRENS, Valet de Tartuffe.

La Scene est chez Cleon.

LA CRITIQVE DV TARTVFFE:

COMEDIE.

SCENE PREMIERE.

TARTVFFE, LAVRENS.

LAVRENS.

HE' bien, qu'auez-vous fait? vos efforts sont-ils vains?
Ou les griffons dorez de vos faux Parchemins
Auroient-ils fait l'effet que vous pouuiez pretendre?

TARTVFFE.

Ils ont eu le ſuccés que i'en deuois attendre.

LAVRENS.

Quoy?...

TARTVFFE.

I'ay déceu le Pere auec ces faux Contracts.

LAVRENS.

Et la Fille eſt d'accord?...

TARTVFFE.

La Fille ne l'eſt pas.
Cet Hymen la chagrine, & la rend preſque fole;
Mais ſon Pere d'abord m'a donné ſa parole;
Il en eſt ſi content, qu'en me diſant adieu,
Il m'a prié tout bas de deſcendre en ce lieu,
Attendant qu'elle ſoit par luy perſuadée....

LAVRENS.

Bien des difficultez confondent mon idée.
Songez-vous que Liſandre eſt Hõme de grand bruit?
Quand malgré l'amitié dont le nœud vous vnit,
Vous luy vouliez rauir l'objet de ſa tendreſſe,
N'apprehendez-vous point ſa fureur vangereſſe?
Et d'ailleurs ſi Cleon par hazard peut ſçauoir
Que Tartuffe eſt le nom que vous deuez auoir;
Et que Panulphe icy tiche en gros caractere,
N'eſt qu'vn nom ſupoſé que la fourbe a ſçeu faire;

Lequel, à vostre auis, choisira-t-il des deux,
Ou Panulphe faux riche? ou Tartuffe vray gueux?
Sous le nom de Tartuffe il n'a qu'à vous connestre,
Pour bien sçauoir quel Hôme au vray vous pouuez estre;
Vostre nom si connu, trahissant ce forfait,
Sçaura tout démentir ce que vous aurez fait;
Et prendra-t-il alors pour Gendre, sans scrupule,
Vn Homme que Moliere a rendu ridicule,
Dont le Sort mal-traitté se vit aux yeux de tous,
L'objet de la risée, & du plaisir des Foux?
On sçait que chez Cleon, par vne longue étude,
A railler cet Ouurage on prend telle habitude,
Que dans son entretien chacun à qui mieux mieux
Nous en fait petiller les defauts à nos yeux.

TARTVFFE.

Quoy, pour auoir souffert l'aigreur d'vne Censure
Qui declare la guerre à toute la Nature,
Suis-je moins honneste Hôme enfin? & mon honneur
Est-il à la mercy d'vn Calomniateur?
Parce qu'vn foible effort d'vne imaginatiue,
A soûmis à l'Erreur la Verité captiue;
Que le Caprice a sçeu, s'immolant la Raison,
Confondre la Iustice auec la Trahison;
Que des Vers rallongez ont esté des Oracles,
Que des *oüy* & des *non* ont fait crier miracles,
Faut-il que ma vertu rencontre son tombeau
Dans l'abisme profond du vuide d'vn cerveau?
Et dépend-elle enfin d'vne grossiere idée
D'vn Autheur dont on voit la malice bridée,
Et qui par sa cabale, à force de complots,
Va gueuser des succés chez la race des Sots?
Et si ie suis l'objet des crayons du mensonge,
Dois-je répondre enfin des chimeres d'vn Songe?

Vn Ouurage ſi bas ne me peut attaquer;
Ma vie a trop d'éclat pour pouuoir s'offuſquer;
Et ie ne puis tenir ma conduite offenſée,
Par les traits languiſſans d'vne veine forcée.
Ceux qui me connoiſtront, en dépit de ſes ſoins,
Seront de ma vertu tout autant de témoins....

LAVRENS.

Ie ne puis plus tenir, quand ie vois qu'à ſon vice,
Aueuglé de ſoy-meſme, on ne fait point juſtice.
Apres vos fauſſetez, & tout ce que i'ay veu,
Oſez-vous deuant moy vous targuer de vertu?

TARTVFFE.

Quoy, peux-tu condamner l'effort d'vn miſerable
Qui tâche à s'affranchir d'vn deſtin déplorable?
Si ie ſuis ſcelerat, fourbe, malicieux,
Mes fineſſes du moins ne bleſſent point les yeux;
Mon cœur par mō maintien ne ſe fait point cōneſtre.
Ie ne ſuis point groſſier comme on me le fait eſtre;
Et lors que cet Autheur voudra peindre les Gens,
Qu'il meſle en ſes couleurs vn peu plus de bon ſens.
Du deſſein qu'il a pris, l'on voit qu'il ſe retire,
Mon nom ſeul eſt l'objet de ſa froide Satire;
Vn Portrait ſi confus me reſſemble trop mal,
Ces traits ſont ſans rapport à leur original;
Et ſi dans ſes defauts qui choquent la Nature,
L'on me veut ſoûtenir que ce ſoit ma peinture,
Ie pouray ſoûtenir à mon tour, que l'Autheur,
Et non celuy qu'il peint, luy-meſme eſt l'Impoſteur.
Toutefois Licidas doit faire vne Satire,
Qui me fera raiſon de ce qu'il a pû dire.

LAVRENS.

Cependant vous voyez que malgré vos mépris,
Ce Poëme imparfait fait courir tout Paris.
N'est-ce rien que de voir vne Dame Pernelle,
Qui sçait l'art de charmer par vne bagatelle?
Que tout ce qu'on oyoit de bas au temps passé,
Dans son discours antique est si bien ramassé.
Que Laurens, mon Portrait, merite qu'on le prise!
Luy seul à l'Auditeur n'a point dit de sottise,
Et loin de m'en choquer, je m'en loüeray toûjours.
Mais pour vous, mon cher Maistre....

TARTVFFE.

Ah cesse vn tel discours;
Cleon vient.

SCENE II.

TARTVFFE, CLEON, LAVRENS.

CLEON.

IE vous plains. Fille trop obstinée!
Ie l'ay pressée en vain touchant cet Hymenée,
Plus rebelle à mes vœux que la Fille d'Orgon,
Ie n'ay pû la soûmettre aux Loix de la Raison.
Cependant envers vous ma parole m'engage,
Peut-estre que le temps nous la rendra plus sage.
Nous nous verrons ce soir; vous m'en voyez confus;
Mais sans doute mes soins flechiront ses refus.

Tartuffe & Laurens sortent.

SCENE III.

CLEON, LISE.

LISE.

Idiane, Monsieur, là-haut se desespere;
Elle vous reniera volontiers pour son Pere,
Dans le pressant transport de ses viues douleurs,
Si vous ne tarissez le torrent de ses pleurs.

CLEON.

L'on verra qui de nous doit obeïr à l'autre.

LISE.

Vit-on iamais vn cœur plus cruel que le vostre!
Orgon sur vn tel poinct n'est pas plus dur que vous.
Pourquoy contre son gré luy donner cet Epous?
Faut-il que des Cõtracts faits par quelques Faussaires!..

CLEON.

Ils sont en bonne forme, & signez de Notaires.

LISE.

Hé par cette raison ils sont dignes de foy?
Vous sçauez peu le monde; Hé, Monsieur, croyez-moy,

Les Hommes à l'argent ſe donnans pour eſclaues,
Il eſt de faux Contracts comme il eſt de faux Braues.
Les faux Braues par tout ſont les plus effrontez,
Ainſi les faux Contracts ſont les mieux ajuſtez.
Ne vous aueuglez point d'vn bien imaginaire,
Ie vous dis qu'ils ſont faux, & pardeuant Notaire.

CLEON.

Ton diſcours eſt autant dépourueu de raiſon,
Que celuy de Cleante enuers ſon Frere Orgon.
Dans le mauuais deſſein que ſa haine médite,
Il oſe declarer le Tartuffe hypocrite,
Sur ce que quand il prie, il brûle de ferueur,
Qu'il ſe proſterne en terre, humiliant ſon cœur,
Qu'il partage les dons qu'on luy fait par aumoſne,
Qu'ennemy du Pecheur, il l'inſtruit & le proſne;
Et quoy que les Deuots en agiſſent ainſy,
D'abord ſon jugement condamne celuy-cy.
Scrutateur de ſon cœur, & de ſa conſcience,
Son caprice dément la plus claire apparence;
Et ſans rien alleguer qui prouue ſa noirceur,
Il veut que ſur ſa foy l'on le croye Impoſteur.
Ta malice en ce cas n'a rien de moins énorme;
Parce que ces Contracts ſont en fort bonne forme,
Tu veux en m'aueuglant, que ſans ſçauoir pourquoy,
Ie ſois perſuadé qu'ils ſont faux comme toy.

LISE.

Supoſez qu'ils ſoient bons, faut-il que la richeſſe
D'vn Pere enuers ſa Fille étouffe la tendreſſe?
Vous qui dans la Nature eſtes ſi délicat,
Malgré l'âge viril, eſtes-vous aſſez fat?
Pour donner voſtre Fille....

CLEON.

Ah quelle impertinente!
La Seruante d'Orgon n'est pas plus impudente,

LISE.

Faut-il qu'à l'interest vostre cœur soit captif?

CLEON.

Ie te pourray donner vn soufflet effectif;
Et ie sçauray si bien ménager la mesure,
Que ma main tout à poinct trouuera ta figure.

LISE.

Mais....

CLEON.

Si tu m'étourdis encor par ton jargon,
Tu verras que ie suis bien plus adroit qu'Orgon.

LISE.

Lisandre n'est-il pas d'assez bonne famille,
Pour oser librement pretendre à vostre Fille?
Il est vray, ie l'auoüe, il n'a pas tant de bien;
Mais quoy, ne contez-vous sa Noblesse pour rien?

CLEON.

Tu ne m'apprendra pas à connoistre Lisandre,
Il merite au dela de deuenir mon Gendre;
Ie le crois, il est Noble, & i'en dois conuenir;
Mais l'autre a ma parole, & ie luy veux tenir,

SCENE IV.

CLEON, LISE, LIDIANE.

LIDIANE *vient se jetter aux genoux de son Pere.*

Mon Pere, si iamais vostre cœur fut sensible;
Si iamais à l'Amour on le vit accessible;
S'il vous reste pour moy la moindre affection,
Soyez deux fois mon Pere en cette occasion;
En étouffant en vous cette funeste enuie,
Ce sera me donner vne seconde vie;
Car si vostre pitié ne fait aucun effort,
Le party que ie prens en ce cas, c'est la mort.
Oüy, i'aime mieux mourir, malgré ma destinée,
Que d'accomplir iamais vn si triste Hymenée,
Que de quitter, pour prendre vn Homme que ie hais,
Lisandre à qui sont deubs tous les vœux que ie fais.
Que la Nature en vous réueille sa tendresse,
Ne m'abandonnez point aux coups de ma tristesse,
Formez en ma faueur de plus justes desirs,
Et soyez exorable enfin à mes soûpirs.

LISE *se mettant aussi à genoux.*

N'imitez point Orgon; ayez, voyant sa peine,
Pour vostre Fille en pleurs, *de la foiblesse humaine,*

CLEON *releuant Lidiane.*

Tes douleurs m'ont touché, ie me sens attendrir;
Va, mon dessein n'est pas de te faire souffrir;
Et quoy que fasse Orgon, ie soûtiens impossible,
Qu'vn Pere en cet estat ne se rende flexible.
La Pitié dans nos cœurs vsant de trahison,
Aux Loix de la Nature asseruit la raison.
Quelques forts interests qui seduisent nostre ame,
Cette mesme Nature en leurs mains nous reclame,
Et surprend d'autant plus aisément nostre cœur,
Qu'elle ne nous combat qu'à force de douceur.
A tes soûpirs enfin tu me vois exorable;
Et puis qu'vn tel Hymen te rendroit miserable,
Que Lisandre est l'objet de tes vœux les plus doux,
Crois-moy, dés ce jourd'huy tu l'auras pour Epoux.

LIDIANE.

Ah quels remercimens, s'il faut qu'on vous en croye!

CLEON.

Que la douleur en toy fasse place à la joye.

LISE *à Lidiane.*

Vous voyez à present si mon conseil est bon.
Quand vn Pere obstiné n'entre point en raison,
Que pour l'humaniser la maxime est tres-seure,
Qu'il faut tâcher en luy d'émouuoir la Nature,
C'estoit le seul moyen d'appaiser son courroux;
Car la Nature en soy n'a rien que de fort doux.

Tartuffe est moins chery d'Orgon qui le reuere,
Que ie sens attendrir mon cœur pour vostre Pere;
Il est tout naturel, & loin d'estre inhumain,
C'est vn Homme... qui... ha... vn Hôme... vn Hôme enfin.

CLEON.

L'éloge est de Tartuffe; ô la belle loüange!

LISE.

Non plus que luy, ie crois, vous n'estes pas vn *Ange?*

CLEON.

Ie suis vn Homme enfin? as-tu de la raison?

LISE.

I'en ay dans ce discours du moins autant qu'Orgon;
Et ce n'est qu'apres luy que mon esprit s'enuole....

CLEON.

Pour imiter Orgon, tu n'en es pas moins fole.

LIDIANE *à Lise.*

Que ie ressens de joye en secret dans mon cœur!

LISE *à Cleon.*

A quoy donc pensez-vous?

CLEON.

A me sauuer l'honneur.
Manqueray-je à Panulphe, en rompant cette affaire?

LISE.

Le grand malheur! Orgon manque bien à Valere.

CLEON.

C'est vn crime si noir que violer sa foy?....

LISE.

Je me charge de tout, *& prens le mal sur moy.*
Ayez moins de scrupule, & plus de confiance,...

CLEON.

Peut-on du mal d'autruy charger sa conscience?

LISE.

Demandez à Tartuffe.... Orgon dit qu'il fera,
Touchant vn tel Hymen, *ce que le Ciel voudra;*
Et puis sans dégager sa foy d'auec Valere,
Il s'engage à Tartuffe, & veut presser l'affaire.
Agissez-en de mesme; & si c'est vn peché,
Le Ciel, & non pas vous, en doit estre taché,
Puis que c'est luy qui veut qu'on mãque à sa promesse.

CLEON.

Dans le rang où ie suis, ma gloire m'interesse,
Et ie crains qu'vn tel tour ne fasse trop d'éclat.

LISE.

Orgon n'estoit-il pas jadis Homme d'Etat?
Et cependant craint-il, que quoy qu'on le renomme?...

CLEON.

Ah ne m'allegues plus pour exemple vn tel Homme;
Crois-tu que comme luy i'eusse assez peu de foy,
Pour oser preferer vn Bigot à mon Roy?
M'estant donc engagé touchant cet Hymenée,
Ie ne puis retirer ma parole donnée.
Va, ne resiste plus, ma Fille, à m'obeïr;
Acceptant cet Epoux, tâche à le moins haïr.
Tu vois que de ton sort telle est la loy seuere,
Puis qu'enfin il y va de l'honneur de ton Pere.
Voudrois-tu me trahir? & puis que ie le veux,
Rens ton ame insensible à l'ardeur de ses feux.

LISE.

Iustement. Comme Orgon, c'est vouloir l'impossible,
Voulant qu'à contre-cœur sa Fille soit sensible,
Et quoy qu'il n'en soit rien, qu'elle auouë hautement,
Que Tartuffe luy plaist, & qu'il est son Amant.
N'est-ce pas faire voir plus d'vn grain de folie?
Car peut-on de deux cœurs dompter l'antipathie?
Quoy que l'obeïssance ait des charmes puissans,
Se peut-on affranchir du commerce des sens?
Et la haine & l'amour se montent-ils à vices,
Pour les faire & défaire au gré de ses caprices?
Non, non, & vostre honneur dust-il se gendarmer,
La haine fait haïr, & l'amour fait aimer.

LIDIANE.

Si-tost vostre bonté se seroit dissipée?
Et par vn faux brillant j'aurois esté trompée?
Quoy, secoüant en vous le joug de l'amitié,
L'Interest triomphant, s'immole la Pitié!
Et liurant la Nature à vostre humeur auare,
Peut vous rendre à la fois & parjure & barbare!
Dans vostre cruauté, par quelle injuste Loy,
Pour sauuer vostre honneur, me mâquez-vous de foy?
Car enfin si pour luy cet honneur s'interesse,
D'acheuer cet Hymen selon vostre promesse,
M'ayant promis à moy de le rompre aujourd'huy,
Ne me deuez-vous pas, mon Pere, autant qu'à luy?
Si l'honneur entre nous tient vostre ame en balance,
Que la Nature emporte au moins la preference.
Elle se met à genoux.
Mon Pere, hé si ce nom qui jadis vous fut cher,
A des traits assez doux encor pour vous toucher....

CLEON *s'éloignant d'elle.*

A d'autres. Derechef vous voulez me surprendre;
Pour oüir vos douleurs, je porte vn cœur trop tendre.
Aisément la pitié peut encor l'enuahir.
Hé si le dur Orgon que l'on vit se trahir,
N'auoit pas de sa Fille écouté la souffrance,
Il n'auroit pas peché contre la vray-semblance.
Lidiane & Lise suiuent Cleon, qui s'enfuit d'elles d'vn bout du Theatre à l'autre.

LISE.

Quoy, ces beaux yeux en pleurs?...

CLEON.

Ses pleurs sont superflus.

LIDIANE.

Hé de grace écoutez.....

CLEON.

Vous ne m'y tenez plus.

LISE *à part.*

Que i'aurois de plaisir de luy dire vne injure!
haut à Cleon.
Vous estes si bon Pere, écoutez la Nature.

LIDIANE.

Par tous vos mouuemens de tendresse & d'ardeur,

LISE.

Par les phantômes d'or qui charment vostre cœur.

Cleon se trouue au milieu du Theatre, & Lise & Lidiane se mettent à genoux à ses deux costez.

LIDIANE.

Par l'objet le plus cher que vous ayez au monde.

LISE.

Par vostre grande bourse en richesses féconde.

CLEON.

Auez-vous pris dessein de ne iamais cesser?
Ah ie sçais vn moyen pour me débarasser.
Si ie rōps cet Hymen, ie veux bien qu'on m'assomme.
Il sort.

LISE *à genoux.*

Voila, ie vous l'auouë, vn abominable Homme.

SCENE V.

LIDIANE, LISE.

LIDIANE.

EST-il rien sous le Ciel d'égal à mon malheur?
Ie prendrois vn Epoux pour qui i'ay de l'horreur.

LISE.

Non non, consolez-vous, vous serez mariée,
Et si vous ne serez iamais *Panulphiée*.
Ie sçais certain secret qui vous peut secourir,
Mais ce lieu m'est suspect pour vous le découurir.
Ayant regardé par tout.
Ie vais tout visiter.... Dans la peur qui m'accable,
Il ne me reste plus qu'à chercher sous la Table.

LIDIANE.

Es-tu folle? Crois-tu que quelqu'vn?...

LISE.

Que sçait-on
Si ie n'y pourois point rencontrer quelqu'Orgon?

Si Tartuffe est si fat que de se faire entendre,
Ie ne suis pas d'humeur à me laisser surprendre.

LIDIANE.

Que i'ay d'impatience à sçauoir ce secret!

LISE.

Ce lieu, tout grand qu'il est, ne peut estre indiscret.

LIDIANE.

Ne me fais point languir... & dis-moy sans mystere....

LISE.

Il faut auparauant banir toute humeur fiere.

LIDIANE.

Volontiers, i'y consens, pour guerir ma douleur.

LISE.

Ne point trop écouter les Loix de la Pudeur.

LIDIANE.

Déja, sans le sçauoir, vn tel secret m'étonne!

LISE.

Et mesme il ne faut pas que vostre honneur raisonne.

LIDIANE.

Dûssay-je de mon sort éprouuer la rigueur,
Ie ne sortiray point des regles de l'honneur.

LISE.

Mais....

LIDIANE.

Ie ne puis t'entendre.

LISE.

Ayez plus de franchise.

LIDIANE.

Non.

LISE.

Quoy....

LIDIANE.

Ie ne veux pas enfin qu'on me le dise.
Sçachant vn tel secret, quoy qu'il choquast l'honneur,
Ie pourois m'en seruir au gré de ma fureur.

LISE.

Ma foy, vous l'entendrez.

LIDIANE.

Ton erreur est extréme;

LISE.

Ie vais icy tout haut me le dire *à moy-mesme.*
Auant que d'imiter la Seruante d'Orgon,
Que vostre honneur au moins se rende à la raison.

LIDIANE.

Dis-moy dõc quel il est? Quãd i'auray sçeu l'aprẽdre...

LISE.

C'est qu'il vous faudroit faire enleuer par Lisandre,
Et fort adroitement il le faut disposer....

LIDIANE.

Ah qu'oses-tu, meschante, icy me proposer?
Hé quoy, non seulement tu veux dans ta malice
Me faire consentir que mon honneur perisse;
Mais encor sans pudeur tu veux que de mes mains
Ie trauaille à sa perte, & soüille ses destins,
Et loin d'en rejetter la coupable priere,
Que moy-mesme ie prie, & i'ouure la carriere,
Et liurant ma vertu pour victime à mes sens,
Que mon cœur se reduise à seduire les Gens?
Peut-on voir vne Femme à ce poinct effrontée?

LISE.

Oüy, la Femme d'Orgon n'est pas moins emportée;
Ne la voyons-nous pas, oubliant sa pudeur,
En faueur du Tartuffe expliquer son ardeur?

Et courant au deuant, bien loin d'estre seuere,
Ne luy fait-elle pas ce qu'il luy deuroit faire?
Preuenant ses desirs par mille & mille aueus,
Pour le faire descendre à l'endroit chatoüilleux,
Ne conduit-elle pas, d'vn infame artifice,
Son honneur imbecile au bord du precipice?
Et ne juge-t-on pas, en la voyant agir,
Qu'elle passeroit bien plus outre sans rougir?

LIDIANE.

Vn tel raisonnement est digne qu'on l'admire,
Oses-tu bien noircir l'innocence d'Elmire?
Sçachant qu'elle ne feint d'exposer son honneur,
Qu'afin de mieux cõfondre vn Traistre, vn Imposteur.

LISE.

Mais Tartuffe voit-il dans le fonds de son ame?
Pour dire les transports d'vne trompeuse flame,
Il est bien moins aisé de dompter sa pudeur,
Que pour marquer l'excés d'vne sincere ardeur.
Quand vn cœur en effet sent de viues souffrances,
La passion le rend aueugle aux consequences;
Mais alors que l'on feint, le deuoir reuolté
Fait voir vn tel discours de venin infecté;
Et la honte au dehors faisant sa residence,
Naist de ce que l'on dit, & non de ce qu'on pense.

SCENE VI.

LISANDRE, LIDIANE, LISE.

LISANDRE.

AH Madame, est-ce ainsi que vous vous engagez?
Sous les Loix de l'Hymen ainsi vous vous rangez?
Dés ce soir, m'a-t-on dit, au gré de vostre flame,
D'vn autre Epoux que moy l'on vous verra la Femme.

LIDIANE.

Ie ne puis m'en defendre, & mon Pere le veut.

LISANDRE.

L'Amour au desespoir ainsi fait ce qu'il peut
Pour rompre en ma faueur cette fatale affaire?
Ah! vous y consentez, la preuue en est trop claire,
Et ie n'en puis douter, vous me manquez de foy.
Hé bien, Madame, hé bien, dégagez-vous de moy;
Mais craignez les transports de ma viue colere.

LISE.

Peut-on voir vn Brutal plus semblable à Valere?

Peut-on mieux comme luy, dans vn tel contretemps,
Expliquer ce qu'on dit selon son mauuais sens?
Ainsi vostre vangeance à ce poinct est cruelle,
Que de faire tomber vostre fureur sur elle?

LISANDRE.

Non, non; mais si i'apprens quel est cet inhumain,
Ie veux auec plaisir le tuer de ma main.

LISE.

Vous tuërez donc vn Homme auec moins de colere,
Que Tartuffe *vne Puce en faisant sa priere?*

LISANDRE.

Oüy, ie veux à longs traits sauourer la douceur
De luy rauir celuy qui possede son cœur,
Et que par tout son sang....

LISE.

Alte là, mon Beaufrere,
Le Fils d'Orgon n'est pas d'humeur si sanguinaire;
Tartuffe le trahit, & le fait sans raison,
Par son Pere irrité, chasser de sa Maison;
Et loin de conceuoir des cruautez pareilles,
Il luy veut seulement couper les deux oreilles.
Et vous?...

LISANDRE.

Ne raillons point.

LISE.

Il est vray que i'ay tort,
Vostre Riual respire, & n'est pas encor mort.
Estes-vous insensé de luy faire querelle,
Quand son ame pour vous se montre si fidelle,
Et son cœur obstiné pour vous garder sa foy,
Des desirs paternels combat la dure loy.

LISANDRE *à Lidiane.*

Ah qu'entens-je, Madame! & seroit-il possible?

LIDIANE.

Croyez-vous que mon cœur pour vous soit insensible?
Vous ne meritez pas qu'on vous fasse vn aueu....

LISANDRE.

Ah pardonnez, Madame, aux transports de mon feu,
Pardonnez aux soupçons....

LISE.

Tréue à ce badinage,
Et songeons à parer ce pressant Mariage.
I'entens quelqu'vn qui vient, l'on peut vous arrester,
Montez dans vostre Chambre, afin d'y consulter;
Ie m'en vais renuoyer d'icy qui ce puisse estre,
Et vous iray trouuer.

SCENE VII

LAVRENS, LISE.

LAVRENS.

N'As-tu point veu mon Maiſtre?

LISE.

Va le chercher ailleurs, Non, il n'eſt point icy.
Que vient-il redoubler encor noſtre ſoucy?
Ne te l'ay-je pas dit cent fois en confidence,
Que l'affaire, en vn mot, n'ira pas comme on penſe?
Que quoy que Lidiane ait pour luy des attraits,
Ton Maiſtre doit s'attendre à ne l'auoir iamais.

LAVRENS.

Ie ne m'étonne pas de ton humeur fâcheuſe.
I'ay reſvé cette nuit *de mort*, *& d'eau bourbeuſe*,
I'ay bien crû que c'eſtoient *des preſages mauuais*.
Mais pourquoy contre moy lances-tu tous ces traits?
Bien loin de quereller, quand ie te vois ſi belle,
Mon ame ſe tranſporte, & ma ferueur eſt telle....

LISE.

Tu m'écaches les doigts... Le plaiſant Amoureux!
Faire du mal aux Gens, pour témoigner ſes feux.

LAVRENS.

C'eſt que ie fais l'amour à la nouuelle mode,
Du Tartuffe enflamé i'imite la methode.
Il embraſſe la cuiſſe de Liſe.
Ton étoffe eſt *moüelleuſe!*

LISE.

En vn pareil deſſein,
C'eſt mal ſuiure Tartuffe, il n'y met qu'vne main.
Ne te hazardes point à me faire careſſe,
Car ie te ferois voir *une vertu diableſſe,*
Ie defends mon honneur *de griffes & de dents,*
Et ie ſçais pour vn mot déuiſager les Gens;
Car lors qu'auec douceur l'on veut ſe montrer ſage,
Plus auant qu'on ne veut, fort ſouuent on s'engage.

LAVRENS.

Que ton Colier eſt beau!

LISE.

Ie comprens ton deſſein,
Tu voudrois bien par là me patiner le Sein.

LAVRENS.

Non, laiſſe le moy voir, les perles en ſont groſſes,
Et d'vne fort belle eau.

LISE.

Bien.

LAVRENS.

Mais ie les crois fausses.

LISE.

Tant-mieux, ie ne veux point te les laisser toucher;
Tu peux les voir de loin, & sans en approcher.

LAVRENS *approchant.*

Ie ne puis voir de loin, & suis court de visiere.

LISE.

Ne t'émancipes pas, car ma main est legere.

LAVRENS.

Cà, faisons vn marché. Donne-moy deux soufflets,
Et me laisse baiser tes tetons rondelets.
L'offre est....

LISE.

I'aurois trop peur de te voir pâmer d'aise.

LAVRENS.

A la pâmoison pres, permets que ie les baise.

LISE.

Non, ie ne le veux pas.

LAVRENS.

Que tu fais de façons!
Si ce n'est pour baiser, à quoy bon des tetons?
Qui te retient?... A tort c'est faire la cruelle;
Nous sommes seuls icy, l'occasion est belle.

LISE.

Et quand nous serions seuls, est-ce vn moindre peché?

LAVRENS.

Le crime n'est pas crime, alors qu'il est caché.
Le scandale du monde est ce qui fait l'offence,
Et ce n'est pas pecher, que pecher en silence.
Paroles de Tartuffe, Autheur dont on fait cas;
S'il n'estoit veritable, il ne le diroit pas.
Si tu ne veux quitter vne humeur si farouche,
Ie meurs.

LISE.

Tant-pis pour toy.

LAVRENS.

Que ma douleur te touche!

LISE.

Aussi dure qu'Orgon, tu trépasserois là,
Que ie m'en soucirois autant que de cela.

LAVRENS.

Tu perdrois vn Amant & sincere, & fidelle.

LISE.

Et luy tous ses Parens, & si son ame est telle.

LAVRENS.

Si ie ne craignois point que nous fussions surpris,
Ma foy, ie te ferois, dans l'ardeur où ie suis....

LISE.

Quoy donc?

LAVRENS.

Rien.

LISE.

Mais encor?

LAVRENS.

Tu veux que ie le dise?
Ie te.... *tu me ferois lâcher quelque sottise.*
montrant ses tetons.
Laisse-moy les baiser.

LISE.

En seras-tu plus gras?

LAVRENS.

Oüy.

LISE.

Non.

LAVRENS.

De grace.

LISE.

Non.

LAVRENS *se dépitant.*

Il revient doucement. Tu t'en repentiras,
Hé que ie les manie au moins.

LISE.

Que ie suis lasse....

LAVRENS.

Puis que tu ne veux pas m'accorder cette grace,
Si ie voulois par force attaquer ton honneur,
Comment donc ferois-tu?

LISE.

Ie criërois au Voleur.

LAVRENS.

Hé pourquoy? te laissant toute chose en nature,
Tu ne veux pas?

LISE.

Non.

LAVRENS.

Non?

LISE.

En verité, i'en jure.

LAVRENS.

Pour me cacher ton Sein, pren-moy dõc ce mouchoir,
Car sans tentation ie ne le sçaurois voir;
Par de pareils objets les ames sont blessées,
Et cela fait venir des coupables pensées.

LISE.

Lors que l'on voit vn Sein que l'on n'ose toucher,
L'on n'a pas grande peine à le faire cacher.
Ah Tartuffe maudit! dont la mine empruntée....
Ie te verrois tout nud, sans en estre tentée.

LAVRENS *commençant à se des-habiller.*

Il le faut éprouuer.

LISE *le retenant.*

Il n'est pas besoin, non,
Quoy, tu serois sujet à la tentation?
Vn Valet tel que toy, de l'amour se consomme.

LAVRENS.

Ah pour estre Valet, *ie n'en suis pas moins Homme.*

LISE.

Ce Vers est de Tartuffe, & c'est piller l'Autheur....

LAVRENS.

Bon, n'est-il pas permis de voler vn Voleur?

Ce Vers estant sorty du cerveau de Corneille, *Serto-*
Le voler à mon tour, n'est pas grande merueille, *rius.*

LISE.

Il auroit pris ce Vers?

LAVRENS.

Ce n'est pas d'aujourd'huy,
Qu'il se sçait enrichir des dépoüilles d'autruy.

LISE.

Mais il en a changé le sens en sa maniere.

LAVRENS.

Ie sçais qu'il a changé, pour suiure sa matiere,
Le *Romain* en *Deuot*; & moy, pour mon sujet,
N'ay-je pas transformé le *Deuot* en *Valet*?
Il éternue.
Qu'as-tu donc contre moy? quelle humeur te possede?
A Tartuffe, en rottant, Orgon dit, *Dieu vous aide*;
Moy i'éternuë en forme, & tu ne me dis rien?

LISE.

I'auois l'esprit ailleurs, & tu m'excuses bien:
Mais changeons de propos, & parlons de ton Maistre.
Dis-moy, dans son humeur, quel Hôme ce peut estre.

LAVRENS.

C'est vn Homme de bien, *Fanfaron de vertu*,
Et si pour s'en targuer, il n'en a iamais eu.

Mais au moins ie te parle en bonne confidence;
Quoy qu'on le croye hõneste, il n'est pas ce qu'õ pense;
Luy-mesme, de luy-mesme, est enfin aueuglé.
Si l'on sçauoit ses tours... *à part*. Peste, i'ay trop parlé.

LISE.

Mais encore, quels tours?

LAVRENS.

Il n'est pas necessaire....

LISE.

Dis.

LAVRENS.

Ie connois ma faute, il est temps de me taire.

LISE.

Si tu ne voulois pas que ie sçeusse ces tours,
Il ne me falloit point entamer ce discours.
Va, n'apprehende rien, tu me connois discrette.

LAVRENS.

Oüy, mais ie crains ta langue: Ah que n'es-tu muette.
Mais que dis-je, muette! Hé quand tu la serois,
Tes signes parleroient au defaut de ta voix.

LISE.

C'est m'offenser par où ie suis la plus sensible.
Tu crois que ie serois....

LAVRENS.

Vois-tu, tout est possible.
Outre que vostre Sexe est suspect en ce poinct,
Ie sçais que le secret chez toy ne vieillit point.

LISE.

Tu ne me connois pas.... Sçauoir tout sans rien dire,
Est vne qualité que moy-mesme i'admire.

LAVRENS.

Bon, ie veux qu'on m'admire ; & ne te dire rien,
En est tout justement l'infaillible moyen.

LISE.

Tu ne veux pas plus loin pousser la confidence?
Se défier de moy, c'est choquer ma prudence.

LAVRENS.

Le secret à mes yeux fait briller tant d'apas....

LISE.

frapant ses mains.
Ah tu te tais ? Et moy ie ne me tairay pas.
Loin d'imiter d'Orgon la trop discrette Femme,
Qui du Tartuffe ingrat luy veut cacher la flame,
D'abord que deuant moy ton Maistre paroistra,
Ie luy conteray tout.

LAVRENS.

Hé...

LISE.

Non, il le sçaura...

Laurens la tire pour l'empescher.

Mais il vient à propos, point de misericorde.
C'est vn plaisir pour moy de semer la discorde.

SCENE VIII.

TARTVFFE, LISE, LAVRENS.

LISE.

QVoy, Monsieur, souffrez-vous qu'vn Traistre, vn Imposteur,
Fasse tous ses efforts pour vous perdre d'honneur?
Vous vous faites seruir d'vn zele domestique,
Il fait de vostre humeur vn beau Panegyrique.

TARTVFFE.

Comment?

LISE.

Si l'on en croit ses obligeans discours,
Vous estes bien honneste, & faites de bons tours.

TARTVFFE.

Qu'entens-je, juste Ciel?

LAVRENS *à part*.

Ah, Traistresse maudite,
Pour vn membre à choisir, i'en voudrois estre quitte.

TARTVFFE *à part.*

Eclateray-je icy? n'éclateray-je pas?

LAVRENS *à part.*

Ie ne sçais que resoudre en vn tel embarras.

TARTVFFE *à Laurens.*

Quoy, tu me trahirois? & tu serois capable?...

LAVRENS.

Oüy, mon Maistre, *ie suis vn meschant, vn coupable,*
Vn inique Valet, dont les intentions
Vont á vous accabler *de tribulations;*
Ie suis vn Scelerat, de qui la calomnie
Veut tacher vostre nom de honte & d'infamie.
Allez, n'en doutez point, croyez-en son recit;
I'en ay plus dit encor qu'on ne vous en a dit.

TARTVFFE *à part.*

Pourquoy suis-je en vn lieu qu'il faut que ie reuere,
Et qui contraint mon cœur d'étouffer sa colere?

LISE.

Hé quoy, de tels discours vous émeuuent si peu?
Ie pense estre croyable apres vn tel aueu.

LAVRENS.

De vos émotions les transports sont trop sages;
Punissez mes forfaits, retenez-moy mes gages,

Et m'ostant vos couleurs, traitez-moy rudement,
Ie n'en murmureray, mon Maistre, nullement.

TARTVFFE *à part.*

Non, de mes mouuemens ie ne puis estre maistre,
Et ne puis plus souffrir l'insolence d'vn traistre.
à Laurens.
Penses-tu me tromper comme l'on fait Orgon?
Cette ruse grossiere.... *vn baston... vn baston.*

LAVRENS.

Fuyons comme Damis.

TARTVFFE *allant apres luy.*

Apres ton impudence,
Ne te montres iamais, fripon, en ma presence.

SCENE IX.

TARTVFFE, LISE.

LISE.

QVelle malice, ô Ciel! ce crime est sans pardon!
Oser ainsi noircir vn Maistre sans raison!

TARTVFFE *se retournant vers la porte.*

Coquin.

LISE.

Ie ne suis pas d'vne humeur si traistresse,
Et conserue autrement l'honneur de ma Maistresse.

TARTVFFE.

Pendart.

LISE.

Comme il a fait, peut-on manquer de foy?

TARTVFFE.

Infame.

LISE.

Bien des Gens ont fait mal deuant moy,

Et si loin d'en parler, i'ay fort bien sceu m'en taire,
Et cacher dans mon sein tout ce que i'ay veu faire.

TARTVFFE *s'en allant à la porte en furie.*

Ah traistre.. ingrat... fripon.

LISE.

Aprés vn tel forfait,
Vous le traitez en Fils, & non pas en Valet.
Orgon de son Tartuffe armant les impostures,
N'outrage pas Damis auec d'autres injures.

TARTVFFE.

Que n'ay-je sur la place assommé ce vaux-rien?

LISE.

C'est vn coquin, Monsieur, il le merite bien.

TARTVFFE.

Ie sens que contre luy la fureur me transporte;
Pour l'aller étrangler, permettez que ie sorte.

LISE.

Qui vous retient icy?... Mais Cleon vient à nous.
Lise sort.

SCENE X.

CLEON, TARTVFFE.

CLEON.

AH, Monsieur, de ce pas ie venois de chez vous.

TARTVFFE.

I'estois chez Licidas.

CLEON.

Quoy, ce pauure Poëte!

TARTVFFE.

Comment le traitez-vous?

CLEON.

Comme il faut qu'on le traite.

TARTVFFE.

Ses Ouurages limez surprennent les plus fins,
Et iamais on ne voit auorter ses desseins,

Guidé par la raison, d'vne adresse subtile,
Il sçait enfin mesler, l'agreable à l'vtile.

CLEON.

Hé que diriez-vous donc de nostre Autheur du temps?

TARTVFFE.

Qu'il ravale la Scene au gré des Ignorans;
Son esprit est si haut branché dans ce qu'il pense,
Qu'il ne descend iamais jusqu'à la vray-semblance.

CLEON.

Le pauure Homme!

TARTVFFE.

L'exemple en est claire en Orgon.
Ce Tartuffe à tel poinct aueuglant sa raison,
Que sans examiner si c'est luy qui l'abuse,
Il luy donne ses biens dans le temps qu'on l'accuse,
Et par vn sot dépit, viole en mesme temps,
Le sang, l'amour, l'honneur, & la loy des Parens.
Quoy, ne deuoit-il pas dans cette conjoncture,
Auant que d'arracher son cœur à la Nature,
Approfondir du moins, le voyant accusé,
Si çe crime en effet n'estoit que supposé?
Licidas ne prend point de pareille licence:
L'on voit dans ses sujets briller la vray-semblance,
Et sur tout son esprit, dans tous ses dénoüemens,
Démesle auec tant d'art ses diuers incidens,
Qu'ayant mis en suspens, par d'adroits artifices,
Qui le doit emporter des Vertus, ou des Vices,

Au gré de l'Auditeur, les Vices abattus,
Rehaussent le triomphe & l'éclat des Vertus.

CLEON.

Et l'autre Autheur?

TARTVFFE.

Pour l'autre, il met tout en vsage;
C'est pour luy de l'Hebreu, que finit vn Ouurage;
Dans son inuention son esprit transporté,
L'injustice à ses yeux passe pour l'équité.
Ainsi souuent chez luy la Vertu cede au Vice;
Mais las, c'est par erreur, plutost que par malice.

CLEON.

Le pauure Homme!

TARTVFFE.

Tartuffe icy nous en fait foy,
En fidele Sujet il va trouuer son Roy,
Et l'instruit d'vn secret qui le tire de peine:
Mais parce qu'il commence à nuire sur la Scene,
Pour l'en faire sortir, cet Autheur sans raison,
Fait commander au Roy qu'on le meine en prison;
Et contre son deuoir, quoy qu'Orgon ait sceu faire,
Et sçachant ce secret, quoy qu'il ait sceu s'en taire,
Qu'il ait blessé par là l'Auguste Majesté,
Il triomphe, bien loin d'en estre inquieté.
Qu'importe à cet Autheur d'éleuer l'injustice,
Pourueu qu'heureusement son Poëme finisse.
Qu'vne telle action est bien digne de toy!
Mais que ne connois-tu le cœur d'vn si grand Roy,

Tu ſçaurois que ce cœur illuſtre autant qu'auguſte,
N'a iamais démenty le beau Titre de Iuſte;
Que le noble tranſport de ſes beaux mouuemens,
Ne confond point ſes dons auec ſes châtimens;
Que iamais la Pitié ne ſeduit ſa Iuſtice,
Et qu'il ne punit point les Hommes par caprice.

SCENE XI.

CLEON, TARTVFFE, LISE, LIDIANE.

LISE *à Lidiane au bout du Theatre.*

COmment faire apres tout? nostre affaire va mal.
Qu'il attende à sortir au bruit de mon signal.
Ie vais par mes discours amuser vostre Pere;
Qu'il tâche cependant à sortir par derriere.

CLEON.

Ie sçais que c'est à tort qu'il a des enuieux.
Que diable, s'il pouuoit, ne feroit-il pas mieux?
Et quoy qu'il plaise à faux, en est-il moins loüable?
Ie sçais qu'il fait des Vers qui le rendent *pendable*;
Que tous ses incidens chez luy tant rebatus,
Sont nez en Italie, & par luy reuestus;
Et dans son Cabinet, que sa Muse en campagne,
Vole dans mille Autheurs, les sottises d'Espagne:
Mais le Siecle le souffre, & malgré ma raison,
Le pauure Homme! pour moy ie signe son pardon.
Quittons donc son chapitre, & changeõs de langage;
Songeons à mettre fin à vostre Mariage.

Lise tousse pour auertir Lisandre de sortir,

TARTVFFE.

Que par vn tel discours vous rauissez mon cœur!

CLEON.

Lise tousse encor.
Ma Fille est encor jeune, & l'Hymen luy fait peur;
Mais ie veux dés ce soir....

LISE *tirant Cleon.*

Quoy, donner vostre Fille
A cet Homme inconnu, sans sçauoir sa Famille?

CLEON *à Lise.*

Sa Famille est son bien.

LISE.

L'auarice!...

CLEON *à Lise.*

à Tartuffe. Tais-toy.
Disposez-vous enfin à receuoir sa foy.

LISE *le tirant encor.*

Vous resvez..

CLEON *à Lise.*

Tu veux donc me voir mettre en colere?
à Tartuffe.
Que i'auray de plaisir, d'accomplir cette affaire! *Lise*
Mais tu tousses bien fort, que veut dire cecy?... *tousse.*

LISE.

Ie gueriray bientost, n'entrez point en soucy.

CLEON.

Ce rhume n'est-il point vn rhume de mystere?
Ie,...

TARTVFFE.

Ie porte sur moy d'vn jus fort salutaire.

LISE.

Ce mal m'est ordinaire, & ie connois fort bien,
Monsieur, que vostre jus icy ne fera rien.

CLEON.

Çà, voyons si ma Fille est enfin disposée....
Lise tousse. *appercevant Lisandre.*
Mais quoy, ta toux redouble. Ah, malade rusée,
C'estoit donc là le mal qui te causoit ta toux?

SCENE XII.

CLEON, TARTVFFE, LISANDRE, LIDIANE, LISE.

LISANDRE *appercevant Tartuffe.*

AH, Tartuffe! bon-jour, cõment vous portez-vous?

CLEON.

Qu'entens-je? de quel nom?...

LISANDRE.

Quoy, son nom vous étonne?

CLEON.

Oüy.

LISANDRE.

Tartuffe est pourtant le seul nom qu'on luy donne.

CLEON *à Tartuffe.*

Quoy, vous estes Tartuffe?

LISANDRE.

Oüy, mais ie suis surpris...

CLEON.

Dont Moliere a si mal regalé les Esprits?

LISANDRE.

Le voila justement ; mais c'est vne injustice,
Car quoy qu'il soit sans bien, il n'a point de malice.

CLEON.

Il n'a point d'autre nom?

LISANDRE.

Non.

TARTVFFE *à part.*

Que ie suis confus!

CLEON.

Tartuffe paroissant, Panulphe n'est donc plus?

LISANDRE.

Quoy, Panulphe? Ce nom n'est rien qu'vne chimere,
Et ie le sçais fort bien, car i'ay connu son Pere.

LISE.

L'auez-vous veu jadis?

TARTVFFE *bas.*

O malheur impréueu!

LISANDRE.

Ie l'ay veu comme Orgon, *ce qu'on appelle veu.*

CLEON *à Tartuffe.*

Vous ne nous dites mot! Au moins daignez répondre.

LIDIANE.

Ce silence profond suffit pour le confondre.

CLEON.

Ie n'en puis plus douter, Panulphe est vn faux nom.
Vous croyiez donc en moy trouuer vn autre Orgon?
Et par de faux Contracts, pour deuenir mon Gendre,
Sous ce nom emprunté vous vouliez me surprendre?

LISANDRE.

Ah qu'entens-je? A mon tour Tartuffe est mon Riual?

CLEON.

L'Homme est, ie vous l'auouë, vn meschant Animal!

CLEON.

O Ciel, l'étrange abus que dans le Mariage!
Qui sçait le mieux duper, passe pour le plus sage!
Qui d'vne telle fourbe eust redouté l'effet?

LISANDRE.

Pourois-je profiter icy de son forfait?
Ie ne puis en merite égaler vostre Fille:
Mais, Monsieur, vous sçauez mon bien, & ma Famille;
Du moins si ie n'ay pas tant de riches tresors,
Ie ne vous trompe point, paré de faux dehors.

CLEON.

Oüy, Monsieur, dés ce soir ie vous tiendray promesse.
Peut-on mettre en vsage vn tel tour de souplesse?
Ie ne m'étonne plus, si tantost en fureur
Son ame s'acharnoit à blâmer cet Autheur.
Selon ce que ie vois, n'en déplaise à Moliere,
Pour vous cette peinture est vn peu trop grossiere;
C'est vous que son Exempt, auec juste raison,
Deuroit pour vos forfaits, resserrer en prison.
Adieu Monsieur Tartuffe, ayez moins d'imprudence;
D'autres Gens pouroient bien punir vostre insolence.

FIN.

www.ingramcontent.com/pod-product-compliance
Ingram Content Group UK Ltd.
Pitfield, Milton Keynes, MK11 3LW, UK
UKHW021015220726
13924UKWH00002B/979

9 782014 457520